La dernière bande

OUVRAGES DE SAMUEL BECKETT

☆m

Romans et nouvelles

Bande et sarabande
Murphy
Watt
Premier amour
Mercier et Camier
Molloy
Malone meurt
L'innommable
Nouvelles (L'expulsé, Le calmant, La fin) et Textes pour rien
L'image
Comment c'est
Têtes-mortes (D'un ouvrage abandonné, Assez, Imagination morte
   imaginez, Bing, Sans)
Le dépeupleur
Pour finir encore et autres foirades
Compagnie
Mal vu mal dit
Cap au pire
Soubresauts

Proust
Poèmes, *suivi de* Mirlitonnades
Le monde et le pantalon, *suivi de* Peintres de l'empêchement

Théâtre, télévision et radio

Eleutheria
En attendant Godot
Fin de partie
Tous ceux qui tombent
La dernière bande, *suivi de* Cendres
Oh les beaux jours, *suivi de* Pas moi
Comédie et actes divers (Va-et-vient, Cascando, Paroles et musique,
   Dis Joe, Actes sans paroles I *et* II, Film, Souffle)
Pas, *suivi de* Quatre esquisses (Fragments de théâtre I *et* II, Pochade
   radiophonique, Esquisse radiophonique)
Catastrophe et autres dramaticules (Cette fois, Solo, Berceuse,
   Impromptu d'Ohio, Quoi où)
Quad et autres pièces pour la télévision (Trio du Fantôme, ...que
   nuages..., Nacht und Träume), *suivi de* L'épuisé *par* Gilles Deleuze

SAMUEL BECKETT

La dernière bande

suivi de

Cendres

✩
m

LES EDITIONS DE MINUIT

© 1959 by LES ÉDITIONS DE MINUIT
7, rue Bernard-Palissy — 75006 Paris

En application de la loi du 11 mars 1957, il est interdit de reproduire
intégralement ou partiellement le présent ouvrage sans autorisation de l'éditeur
ou du Centre français d'exploitation du droit de copie,
3 rue Hautefeuille, 75006 Paris.

ISBN 2-7073-0177-9

La dernière bande

Traduit de l'anglais par l'auteur

Un soir, tard, d'ici quelque temps.

La turne de Krapp.

A l'avant-scène, au centre, une petite table dont les deux tiroirs s'ouvrent du côté de la salle.

Assis à la table, face à la salle, c'est-à-dire du côté opposé aux tiroirs, un vieil homme avachi : Krapp.

Pantalon étroit, trop court, d'un noir pisseux. Gilet sans manches d'un noir pisseux, quatre vastes poches. Lourde montre d'argent avec chaîne. Chemise blanche crasseuse, déboutonnée au cou, sans col. Surprenante paire de bottines, d'un blanc sale, du 48 au moins, très étroites et pointues.

Visage blanc. Nez violacé. Cheveux gris en désordre. Mal rasé.

Très myope (mais sans lunettes). Dur d'oreille.

Voix fêlée très particulière.

Démarche laborieuse.

Sur la table un magnétophone avec microphone et de nombreuses boîtes en carton contenant des bobines de bandes impressionnées.

La table et environs immédiats baignés d'une lumière crue. Le reste de la scène dans l'obscurité.

Krapp demeure un moment immobile, pousse un grand soupir, regarde sa montre, farfouille dans ses poches, en sort une enveloppe, la remet, farfouille de nouveau, sort un petit trousseau de clefs, l'élève à hauteur des yeux, choisit une

clef, se lève et va vers le devant de la
table. Il se baisse, fait jouer la serrure du
premier tiroir, regarde dedans, y promène
la main, en sort une bobine, l'examine de
tout près, la remet, referme le tiroir à clef,
fait jouer la serrure du second tiroir,
regarde dedans, y promène la main, en
sort une grosse banane, l'examine de tout
près, referme le tiroir à clef, remet les
clefs dans sa poche. Il se retourne,
s'avance jusqu'au bord de la scène,
s'arrête, caresse la banane, l'épluche,
laisse tomber la peau à ses pieds, met le
bout de la banane dans sa bouche et
demeure immobile, regardant dans le vide
devant lui. Finalement il croque le bout
de la banane, se détourne et se met à aller
et venir au bord de la scène, dans la
lumière, c'est-à-dire à raison de quatre ou
cinq pas au plus de chaque côté, tout en
mastiquant méditativement la banane. Il
marche sur la peau, glisse, manque de

tomber, se rattrape, se penche, regarde la peau et finalement la pousse du pied, toujours penché, par-dessus le bord de la scène dans la fosse. Il reprend son va-et-vient, finit de manger la banane, retourne à la table, s'asseoit, demeure un moment immobile, pousse un grand soupir, sort les clefs de sa poche, les élève à hauteur des yeux, choisit une clef, se lève et va vers le devant de la table, fait jouer la serrure du second tiroir, en sort une seconde grosse banane, l'examine de tout près, referme le tiroir à clef, remet les clefs dans sa poche, se retourne, s'avance jusqu'au bord de la scène, s'arrête, caresse la banane, l'épluche. flanque la peau dans la fosse, met le bout de la banane dans sa bouche et demeure immobile, regardant dans le vide devant lui. Finalement il a une idée, met la banane dans une poche de son gilet d'où le bout émergera et de toute la vitesse dont il est capable s'en va

*au fond de la scène dans l'obscurité. Dix
secondes. Bruit de bouchon qu'on tire.
Quinze secondes. Il revient dans la lumière, portant un vieux registre, et
s'asseoit à la table. Il pose le registre sur
la table, s'essuie la bouche, s'essuie les
mains à son gilet, les claque et les frotte.*

KRAPP (*avec vivacité*). — Ah ! (*Il se
penche sur le registre, tourne les pages,
trouve l'inscription qu'il cherche, lit.*)
Boîte... trrois... bobine... ccinq. (*Il lève la
tête et regarde fixement devant lui. Avec
délectation.*) Bobine ! (*Pause.*) Bobiiine !
(*Sourire heureux. Il se penche sur la table
et commence à farfouiller dans les boîtes
en les examinant de tout près.*) Boîte...
trrois... trrois... quatre... deux... (*avec sur-
prise*)... neuf ! nom de Dieu !... sept...
ah ! petite coquine ! (*Il prend une boîte,
l'examine de tout près.*) Boîte trrois. (*Il
la pose sur la table, l'ouvre et se penche*

sur les bobines qu'elle contient.) Bobine...
(*il se penche sur le registre*)... ccinq... (*il
se penche sur les bobines*)... ccinq...
ccinq... ah ! petite fripouille ! (*Il sort une
bobine, l'examine de tout près.*) Bobine
ccinq. (*Il la pose sur la table, referme la
boîte trois, la remet avec les autres, reprend la bobine.*) Boîte trrois, bobine
ccinq. (*Il se penche sur l'appareil, lève la
tête. Avec délectation.*) Bobiiine ! (*Sourire heureux. Il se penche, place la bobine
sur l'appareil, se frotte les mains.*) Ah !
(*Il se penche sur le registre, lit
l'inscription en bas de page.*) Maman
en paix enfin... Hm... La balle noire... (*Il
lève la tête, regarde dans le vide devant
lui. Intrigué.*) Balle noire ?... (*Il se penche de nouveau sur le registre, lit.*) La
boniche brune... (*Il lève la tête, rêvasse,
se penche de nouveau sur le registre, lit.*)
Légère amélioration de l'état intestinal...
Hm... Mémorable... quoi ? (*Il regarde de*

plus près, lit.) Equinoxe, mémorable équinoxe. (*Il lève la tête, regarde dans le vide devant lui. Intrigué.*) Mémorable équinoxe ?... (*Pause. Il hausse les épaules, se penche de nouveau sur le registre, lit.*) Adieu à l'a... (*il tourne la page*) ...mour.

Il lève la tête, rêvasse, se penche sur l'appareil, le branche et prend une posture d'écoute, c'est-à-dire le buste incliné en avant, les coudes sur la table, la main en cornet dans la direction de l'appareil, le visage face à la salle.

BANDE (*voix forte, un peu solennelle, manifestement celle de Krapp à une époque très antérieure*). — Trente-neuf ans aujourd'hui, solide comme un — (*En voulant s'installer plus confortablement il fait tomber une des boîtes, jure, débranche l'appareil, balaye violemment boîtes et registre par terre, ramène la bande au point de départ, rebranche l'appareil, reprend sa posture.*) Trente-neuf ans aujourd'hui, solide comme un pont, à part mon vieux point faible, et intellectuellement, j'ai maintenant tout lieu de le soupçonner, au... (*il hésite*)... à la crête de la vague — ou peu s'en faut. Célébré la solennelle occasion, comme toutes ces dernières années, tranquillement à la Taverne. Personne. Resté assis devant le feu, les yeux fermés, à séparer le grain de la balle. Jeté quelques notes sur le dos d'une enveloppe. Heureux d'être de retour dans ma turne, dans mes vieilles nippes. Viens de manger, j'ai regret de le dire, trois bananes et ne me suis abstenu d'une quatrième qu'avec peine. Du poison pour un homme dans mon état. (*Avec véhémence.*) A éliminer ! (*Pause.*) Le nouvel éclairage au-dessus de ma table est une grande amélioration. Avec toute cette obscurité autour de moi je me sens moins seul. (*Pause.*) En un sens. (*Pause.*) J'aime à me lever pour y aller faire un tour, puis revenir ici à... (*il hésite*)... moi. (*Pause.*) Krapp.

Pause.

Le grain, voyons, je me demande ce que j'entends par là, j'entends... (*il hésite*)... je suppose que j'entends ces choses qui en vaudront encore la peine quand toute la poussière sera — quand toute *ma* poussière sera retombée. Je ferme les yeux et je m'efforce de les imaginer.

Pause. Krapp ferme les yeux, brièvement.

Extraordinaire silence ce soir, je tends l'oreille et n'entends pas un souffle. La vieille Miss McGlome chante toujours à cette heure-ci. Mais pas ce soir. Des chansons du temps où elle était jeune fille, dit-elle. Difficile de l'imaginer jeune fille. Merveilleuse vieille cependant. Du

Connaught, j'ai l'impression. (*Pause.*)
Est-ce que je chanterai quand j'aurai son
âge, si jamais j'ai son âge ? Non. (*Pause.*)
Est-ce que je chantais quand j'étais jeune
garçon ? Non. (*Pause.*) Est-ce que j'ai
jamais chanté ? Non.

Pause.

Viens juste d'écouter une vieille année,
des passages au hasard. Je n'ai pas vérifié
dans le livre, mais ça doit nous ramener à
dix ou douze ans en arrière — au moins.
Je crois qu'à ce moment-là je vivais encore
avec Bianca dans Kedar Street, enfin par
à-coups. Bien sorti de ça, ah foutre oui !
C'était sans espoir. (*Pause.*) Pas grand'
chose sur elle, à part un hommage à ses
yeux. Enthousiaste. Je les ai revus tout à
coup. (*Pause.*) Incomparables ! (*Pause.*)
Enfin... (*Pause.*) Sinistres ces exhuma-
tions, mais je les trouve souvent — (*Krapp
débranche l'appareil, rêvasse, rebranche*

l'appareil) — utiles avant de me lancer dans un nouveau... (*il hésite*)... retour en arrière. Difficile de croire que j'aie jamais été ce petit crétin. Cette voix ! Jésus ! Et ces aspirations ! (*Bref rire auquel Krapp se joint.*) Et ces résolutions. (*Bref rire auquel Krapp se joint.*) Boire moins, notamment. (*Bref rire de Krapp seul.*) Des statistiques. Mille sept cents heures sur les huit mille et quelques précédentes volatilisées rien que dans les débits de boisson. Plus de 20 %, disons 40 % de sa vie de veille. (*Pause.*) Plans pour une vie sexuelle moins... (*il hésite*)... absorbante. Dernière maladie de son père. Poursuite toujours plus languissante du bonheur. Fiasco des laxatifs. Ricanements sur ce qu'il appelle sa jeunesse et action de grâces qu'elle soit finie. (*Pause.*) Fausse note là. (*Pause.*) Ombre de l'opus... magnum. Et pour finir un — (*rire bref*) — jappement à l'adresse de la Providence.

(*Rire prolongé auquel Krapp se joint.*)
Que reste-t-il de toute cette misère ? Une
fille dans un vieux manteau vert sur un
quai de gare ? Non ?

> *Pause.*

Quand je regarde —

> *Krapp débranche l'appareil, rê-
> vasse, regarde sa montre, se lève et
> s'en va au fond de la scène dans
> l'obscurité. Dix secondes. Bruit de
> bouchon qu'on tire. Dix secondes.
> Second bouchon. Dix secondes. Troi-
> sième bouchon. Bribe soudaine de
> chant chevrotant.*

KRAPP (*chantant*).
L'ombre descend de nos montagnes,
L'azur du ciel va se ternir,
Le bruit se tait —

> *Accès de toux. Il revient dans la
> lumière, s'asseoit, s'essuie la bouche,*

*rebranche l'appareil, reprend sa pos-
ture d'écoute.*

BANDE. — en arrière vers l'année écou-
lée, avec peut-être — je l'espère — quelque chose de mon vieux regard à venir,
il y a naturellement la maison du canal
où maman s'éteignait, dans l'automne
finissant, après une longue viduité
(*Krapp sursaute*), et le — (*Krapp débranche l'appareil, ramène la bande un peu en
arrière, approche l'oreille de l'appareil, le
rebranche*) — s'éteignait, dans l'automne
finissant, après une longue viduité, et le —

*Krapp débranche l'appareil, lève
la tête, regarde dans le vide devant
lui. Ses lèvres remuent sans bruit en
formant les syllabes de viduité. Il se
lève, s'en va au fond de la scène dans
l'obscurité, revient avec un énorme
dictionnaire, s'asseoit, le pose sur la
table et cherche le mot.*

KRAPP (*lisant dans le dictionnaire*). —
Etat — ou condition — de qui est — ou
demeure — veuf — ou veuve. (*Il lève la
tête. Intrigué.*) Qui est — ou demeure ?...
(*Pause. Il se penche de nouveau sur le dictionnaire, tourne les pages.*) Veuf... veuf...
veuvage... (*Lisant.*) Les voiles épais du
veuvage... Se dit aussi d'un animal, par-
ticulièrement d'un oiseau... L'oiseau veuve
ou tisserin... Plumage noir des mâles...
(*Il lève la tête. Avec délectation.*)
L'oiseau veuve !

> *Pause. Il ferme le dictionnaire,
> rebranche l'appareil, reprend sa pos-
> ture d'écoute.*

BANDE. — banc près du bief d'où je
pouvais voir sa vitre. Je restais là, assis
dans le vent cinglant, souhaitant qu'elle
en finisse. (*Pause.*) Presque personne,
quelques habitués seulement, des boni-
ches, des enfants, des vieillards, des

chiens. J'ai fini par bien les connaître —
oh je veux dire de vue bien sûr ! Je me
rappelle surtout une jeune beauté brune,
toute blancheur et amidon, une poitrine
incomparable, qui poussait un grand lan-
dau à capote noire, d'un funèbre ! Chaque fois que je regardais dans sa direction
elle avait les yeux sur moi. Et pourtant
quand j'ai eu la hardiesse de lui adresser
la parole — sans avoir été présenté — elle
a menacé d'appeler un agent. Comme si
j'en voulais à sa vertu ! (*Rire.*) Le visage
qu'elle avait ! Les yeux ! Comme des... (*il
hésite*)... chrysolithes ! (*Pause.*) Enfin...
(*Pause.*) J'étais là quand — (*Krapp
débranche l'appareil, rêvasse, rebranche
l'appareil*) — le store s'est baissé, un de
ces machins marron sale qui s'enroulent,
là en train de jeter une balle pour un petit
chien blanc, ça c'est trouvé comme ça. J'ai
levé la tête, Dieu sait pourquoi, et voilà,
ça y était. Une affaire finie, enfin. Je suis

resté là quelques instants encore, assis sur le banc, avec la balle dans la main et le chien qui jappait après et la mendiait de la patte. (*Pause.*) Instants. (*Pause.*) Ses instants à elle, mes instants à moi. (*Pause.*) Les instants du chien. (*Pause.*) A la fin je la lui ai donnée et il l'a prise dans sa gueule, doucement, doucement. Une petite balle de caoutchouc, vieille, noire, pleine, dure. (*Pause.*) Je la sentirai, dans ma main, jusqu'au jour de ma mort. (*Pause.*) J'aurais pu la garder. (*Pause.*) Mais je l'ai donnée au chien.

> *Pause.*

Enfin...

> *Pause.*

Spirituellement une année on ne peut plus noire et pauvre jusqu'à cette mémorable nuit de mars, au bout de la jetée, dans la rafale, je n'oublierai jamais, où tout m'est devenu clair. La vision, enfin.

Voilà j'imagine ce que j'ai surtout à enregistrer ce soir, en prévision du jour où mon labeur sera... (*il hésite*)... éteint et où je n'aurai peut-être plus aucun souvenir, ni bon ni mauvais, du miracle qui... (*il hésite*)... du feu qui l'avait embrasé. Ce que soudain j'ai vu alors, c'était que la croyance qui avait guidé toute ma vie, à savoir — (*Krapp débranche impatiemment l'appareil, fait avancer la bande, rebranche l'appareil*) — grands rochers de granit et l'écume qui jaillissait dans la lumière du phare et l'anémomètre qui tourbillonnait comme une hélice, clair pour moi enfin que l'obscurité que je m'étais toujours acharné à refouler est en réalité mon meilleur — (*Krapp débranche impatiemment l'appareil, fait avancer la bande, rebranche l'appareil*) — indestructible association jusqu'au dernier soupir de la tempête et de la nuit avec la lumière de l'entendement et le feu —

(*Krapp jure, débranche l'appareil, fait avancer la bande, rebranche l'appareil*) — mon visage dans ses seins et ma main sur elle. Nous restions là, couchés, sans remuer. Mais, sous nous, tout remuait, et nous remuait, doucement, de haut en bas, et d'un côté à l'autre.

Pause.

Passé minuit. Jamais entendu pareil silence. La terre pourrait être inhabitée.

Pause.

Ici je termine —

Krapp débranche l'appareil, ramène la bande en arrière, rebranche l'appareil.

— le haut du lac, avec la barque, nagé près de la rive, puis poussé la barque au large et laissé aller à la dérive. Elle était couchée sur les planches du fond, les mains sous la tête et les yeux fermés.

Soleil flamboyant, un brin de brise, l'eau un peu clapoteuse comme je l'aime. J'ai remarqué une égratignure sur sa cuisse et lui ai demandé comment elle se l'était faite. En cueillant des groseilles à maquereau, m'a-t-elle répondu. J'ai dit encore que ça me semblait sans espoir et pas la peine de continuer et elle a fait oui sans ouvrir les yeux. (*Pause.*) Je lui ai demandé de me regarder et après quelques instants — (*pause*) — après quelques instants elle l'a fait, mais les yeux comme des fentes à cause du soleil. Je me suis penché sur elle pour qu'ils soient dans l'ombre et ils se sont ouverts. (*Pause.*) M'ont laissé entrer. (*Pause.*) Nous dérivions parmi les roseaux et la barque s'est coincée. Comme ils se pliaient, avec un soupir, devant la proue ! (*Pause.*) Je me suis coulé sur elle, mon visage dans ses seins et ma main sur elle. Nous restions là, couchés, sans remuer. Mais, sous nous,

tout remuait. et nous remuait, doucement,
de haut en bas, et d'un côté à l'autre.

Pause.

Passé minuit. Jamais entendu —

*Krapp débranche l'appareil, rê-
vasse. Finalement il farfouille dans
ses poches, rencontre la banane, la
sort, l'examine de tout près, la remet,
farfouille de nouveau, sort l'enveloppe, farfouille de nouveau, remet
l'enveloppe, regarde sa montre, se
lève et s'en va au fond de la scène
dans l'obscurité. Dix secondes. Bruit
de bouteille contre du verre. Puis
bref bruit de siphon. Dix secondes.
De nouveau la bouteille contre le
verre, sans plus. Dix secondes. Il
revient d'un pas mal assuré dans la
lumière, va vers le devant de la table,
sort ses clefs, les élève à hauteur des
yeux, choisit une clef, fait jouer la*

serrure du premier tiroir, regarde dedans, y promène la main, en sort une bobine, l'examine de tout près, referme le tiroir à clef, remet les clefs dans sa poche, va s'asseoir, enlève la bobine de l'appareil, la pose sur le dictionnaire, place la bobine vierge sur l'appareil, sort l'enveloppe de sa poche, en consulte l'envers, la pose sur la table, rêvasse, branche l'appareil, s'éclaircit la gorge et commence à enregistrer.

KRAPP. — Viens d'écouter ce pauvre petit crétin pour qui je me prenais il y a trente ans, difficile de croire que j'aie jamais été con à ce point-là. Ça au moins c'est fini, Dieu merci. (*Pause.*) Les yeux qu'elle avait ! (*Rêvasse, se rend compte qu'il est en train d'enregistrer le silence, débranche l'appareil, rêvasse. Finalement.*) Tout était là, tout le — (*Se rend compte que l'appareil n'est pas branché, le rebranche.*) Tout était là, toute cette vieille charogne de planète, toute la lumière et l'obscurité et la famine et la bombance des... (*il hésite*)... des siècles ! (*Pause. Dans un cri.*) Oui ! (*Pause. Amer.*) Laisser filer ça ! Jésus ! Ç'aurait pu le distraire de ses chères études ! Jésus ! (*Pause. Avec lassitude.*) Enfin, peut-être qu'il avait raison. (*Pause.*) Peut-être qu'il avait raison. (*Rêvasse. Se rend compte. Débranche l'appareil. Consulte l'enveloppe.*) Pah ! (*La froisse et la jette. Rêvasse. Rebranche l'appareil.*) Rien à dire, pas couic. Qu'est-ce que c'est aujourd'hui, une année ? Merde remâchée et bouchon au cul. (*Pause.*) Dégusté le mot bobine. (*Avec délectation.*) Bobiine ! L'instant le plus heureux des derniers cinq cent mille. (*Pause.*) Dix-sept exemplaires de vendus, dont onze au prix de gros à des bibliothèques municipales d'au-

delà les mers. En passe d'être quelqu'un.
(*Pause.*) Une livre, six shillings et quelques pence, huit probablement. (*Pause.*)
Me suis traîné dehors une fois ou deux avant que l'été se glace. Resté assis à grelotter dans le parc, noyé dans les rêves et brûlant d'en finir.
Personne. (*Pause.*) Dernières chimères.
(*Avec véhémence.*) A refouler ! (*Pause.*)
Me suis crevé les yeux à lire *Effie* encore, une page par jour, avec des larmes encore. Effie... (*Pause.*) Aurais pu être heureux avec elle là-haut sur la Baltique, et les pins, et les dunes. (*Pause.*) Non ?
(*Pause.*) Et elle ? (*Pause.*) Pah ! (*Pause.*)
Fanny est venue une ou deux fois. Vieille ombre de putain squelettique. Pas pu faire grand'chose, mais sans doute mieux qu'un coup de pied dans l'entre-jambes.
La dernière fois, ça n'était pas si mal.
Comment tu fais ton compte, m'a-t-elle dit, à ton âge ? Je lui ai répondu que je

m'étais réservé pour elle toute ma vie.
(*Pause.*) Eté aux Vêpres une fois, comme
lorsque j'étais en culottes courtes. (*Pause.
Il chante.*)

> L'ombre descend de nos montagnes,
> L'azur du ciel va se ternir,
> Le bruit se tait — (*Accès de toux.
> Presque inaudible*) — dans nos cam-
> pagnes,
> En paix bientôt tout va dormir.

(*Haletant.*) Me suis endormi et suis
tombé du banc. (*Pause.*) Me suis demandé
quelquefois dans la nuit si un dernier
effort ne serait peut-être — (*Pause.*)
Assez ! Vide ta bouteille et fous-toi au pieu.
Reprend ces conneries demain. Ou restes-en là. (*Pause.*) Restes-en là. (*Pause.*)
Installe-toi là dans le noir, adossé aux
oreillers — et vagabonde. Sois de nouveau
dans le vallon une veille de Noël à cueillir
le houx, celui à baies rouges. (*Pause.*)

Sois de nouveau sur le Croghan un dimanche matin, dans la brume, avec la chienne, arrête-toi et écoute les cloches. (*Pause.*) Et ainsi de suite. (*Pause.*) Sois de nouveau, sois de nouveau. (*Pause.*) Toute cette vieille misère. (*Pause.*) Une fois ne t'a pas suffi. (*Pause.*) Coule-toi sur elle.

> *Longue pause. Il se penche brusquement sur l'appareil, le débranche, arrache la bande, la jette au loin, place l'autre bande sur l'appareil, la fait avancer jusqu'au passage qu'il cherche, rebranche l'appareil, écoute en regardant fixement devant lui.*

BANDE. — groseilles à maquereau, m'a-t-elle répondu. J'ai dit encore que ça me semblait sans espoir et pas la peine de continuer et elle a fait oui sans ouvrir les yeux. (*Pause.*) Je lui ai demandé de me regarder et après quelques instants —

(*pause*) — après quelques instants elle l'a fait, mais les yeux comme des fentes à cause du soleil. Je me suis penché sur elle pour qu'ils soient dans l'ombre et ils se sont ouverts. (*Pause.*) M'ont laissé entrer. (*Pause.*) Nous dérivions parmi les roseaux et la barque s'est coincée. Comme ils se pliaient, avec un soupir, devant la proue ! (*Pause.*) Je me suis coulé sur elle, mon visage dans ses seins et ma main sur elle. Nous restions là, couchés, sans remuer. Mais, sous nous, tout remuait, et nous remuait, doucement, de haut en bas, et d'un côté à l'autre.

Pause. Les lèvres de Krapp remuent sans bruit.

Passé minuit. Jamais entendu pareil silence. La terre pourrait être inhabitée.

Pause.

Ici je termine cette bande. Boîte —

(*pause*) — trois, bobine — (*pause*) —
cinq. (*Pause.*) Peut-être que mes meil-
leures années sont passées. Quand il y avait
encore une chance de bonheur. Mais je
n'en voudrais plus. Plus maintenant que
j'ai ce feu en moi. Non, je n'en voudrais
plus.

> *Krapp demeure immobile, regar-*
> *dant dans le vide devant lui. La*
> *bande continue à se dérouler en*
> *silence.*

RIDEAU

Cendres

PIÈCE RADIOPHONIQUE

Traduit de l'anglais par Robert Pinget et l'auteur

Mer à peine audible.
Pas de Henry sur les galets. Il s'arrête.
Mer un peu plus fort.

HENRY. — Avance. (*Mer plus fort*).
Avance ! (*Il avance. Ses pas sur les galets.*
Tout en marchant.) Halte. (*Ses pas sur les*
galets. Tout en marchant, plus fort.)
Halte ! (*Il s'arrête. Mer un peu plus fort.*)
Assis. (*Mer. Plus fort.*) Assis ! (*Il s'assied.*
Bruit de galets qui s'éboulent. Mer audible
pendant tout ce qui suit chaque fois qu'un
temps est indiqué.) Qui à côté de moi
aujourd'hui ? (*Un temps.*) Un vieil aveu-

gle à moitié louf. (*Un temps.*) Mon père, revenu d'entre les morts, pour être à côté de moi. (*Un temps.*) Comme s'il n'était pas mort. (*Un temps.*) Non, revenu d'entre les morts pas plus, pour être à côté de moi, dans ce lieu étrange. (*Un temps.*) Est-ce qu'il m'entend ? (*Un temps.*) Oui, il faut qu'il m'entende. (*Un temps.*) Pour pouvoir répondre ? (*Un temps.*) Non, il ne répond pas. (*Un temps.*) A côté de moi pas plus. (*Un temps.*) Ce bruit qu'on entend, c'est la mer. (*Un temps. Plus fort.*) Je dis que ce bruit qu'on entend, c'est la mer, nous sommes assis sur la grève. (*Un temps.*) J'aime autant le dire parce que le bruit est si étrange, ça ressemble si peu au bruit de la mer, qu'à moins de voir ce que c'est on ne saurait pas ce que c'est. (*Un temps.*) Sabots ! (*Un temps. Plus fort.*) Sabots ! (*Bruit de sabots au pas sur des pavés. Il s'évanouit rapidement. Un temps.*) Encore ! (*Sabots comme avant.*

Un temps.) Le dresser à marquer le pas !
Le ferrer avec de l'acier et l'attacher dans
la cour qu'il piétine du matin au soir ! (*Un
temps.*) Un mammouth de dix tonnes
revenu d'entre les morts, le ferrer avec de
l'acier qu'il mette le monde en miettes !
(*Un temps.*) Ecoute-moi ça ! (*Un temps.*)
On dirait quoi ? (*Un temps.*) Bon, maintenant écoute la lumière, ta chère lumière,
midi passé à peine et tout le rivage dans
l'ombre déjà et la mer jusqu'à l'île. (*Un
temps.*) Tu n'as jamais voulu vivre de ce
côté de la baie, il te fallait le soleil sur la
mer le soir quand tu allais nager, tu as vu
ce que ça donne. Mais moi quand j'ai eu
ton argent j'ai traversé, tu l'as su peut-
être. (*Un temps.*) On n'a jamais retrouvé
ton corps tu sais, ça a tout bloqué, pas un
radis pendant des années, soi-disant que
tu nous avais peut-être tous plaqués jusqu'à preuve du contraire et te portais
comme un charme au Pérou par exemple,

ça a fait beaucoup de peine à maman. (*Un temps.*) Là-dessus je tiens de toi, je ne peux pas m'en éloigner, mais nager, ça non, plus jamais, la dernière fois c'était avec toi. (*Un temps.*) Juste au bord pas plus. (*Un temps.*) Aujourd'hui elle est calme, mais souvent je l'entends là-haut chez moi ou quand je me promène dans la campagne et commence à parler oh juste assez haut pour ne plus l'entendre, personne n'y fait attention. (*Un temps.*) C'est-à-dire que je parle tout le temps à présent, tout le temps et partout. Une fois je suis parti en Suisse pour ne plus l'entendre la salope et là-bas j'ai parlé sans m'arrêter tout le temps. (*Un temps.*) Autrefois je n'avais besoin de personne, tout seul, ça allait, des histoires, il y en avait une fameuse sur un vieux, Bolton qu'il s'appelait, je ne l'ai jamais finie, jamais fini aucune, jamais fini rien, tout a toujours duré toujours. (*Un temps.*) Bolton. (*Un

temps. Plus fort.) Bolton ! (*Un temps.*)
Là devant le feu. (*Un temps.*) Devant le
feu tous les volets... non, rideaux, tous les
rideaux fermés et la lumière, pas de lumière. que la lumière du feu, assis là dans
le... non, debout, debout là devant la che-
minée dans le noir devant le feu les bras
sur le marbre la tête sur les bras, debout
là dans le noir devant le feu dans sa vieille
robe de chambre écarlate et la maison
silencieuse, aucun bruit d'aucune sorte,
que le bruit du feu, il attend. (*Un temps.*)
Debout là dans sa vieille robe de chambre
écarlate qui pouvait s'enflammer à tout
instant comme lorsqu'il était petit, non, là
c'était son pyjama, debout là dans le noir
devant le feu, aucune lumière, que la
lumière du feu, aucun bruit d'aucune
sorte, que le feu, un vieillard, grande
détresse, il attend. (*Un temps.*) Soudain
on sonne, il va à la fenêtre et regarde
dehors entre les rideaux, beau vieillard,

un roc, nuit d'hiver très claire, de la neige partout, froid à pierre fendre, monde tout blanc, branche du cèdre ployant sous le poids, et au moment où le bras se relève pour sonner une seconde fois reconnaît... Holloway. (*Temps long.*) Oui, Holloway, reconnaît Holloway, descend ouvrir. (*Un temps.*) Dehors le silence, pas un bruit, la chaîne du chien peut-être ou une branche qui geint si on reste là à écouter, monde tout blanc, Holloway avec sa petite trousse noire, pas un bruit, froid à pierre fendre, pleine lune petite et blanche, empreintes en zigzag des galoches de Holloway, Véga dans la Lyre vert vif. (*Un temps.*) Dans la Lyre vert vif. (*Un temps.*) Conversation suivante enfin sur le pas de la porte, non, dans la pièce, conversation suivante retour dans la pièce, Holloway : « Mon cher Bolton, il est déjà minuit passé, si tu veux avoir l'obligeance — », ne va pas plus loin, Bolton : « Je t'en prie !

JE T'EN PRIE ! » Là silence de mort, pas
un bruit, que le feu, du boulet unique-
ment, il baisse, Holloway devant qui essaie
de se chauffer le cul, Bolton, où est Bolton, pas de lumière, que le feu, Bolton à
la fenêtre, dos aux rideaux, il les écarte à
bout de bras, regarde dehors, monde tout
blanc, même le clocher, blanc jusqu'au
coq, très rare, maison silencieuse, pas un
bruit, que le feu, plus de flammes, que
des cendres. (*Un temps.*) Que des cendres.
(*Un temps.*) Ça bouge, glisse, sournois,
bruit affreux, Holloway devant, beau vieillard, un mètre quatre-vingts, massif, jam-
bes écartées, mains dans le dos qui écar-
tent les basques de son vieux macfarlane,
Bolton à la fenêtre, grande allure dans sa
vieille robe de chambre écarlate, dos aux
rideaux, il les tient écartés à bout de bras,
regarde dehors, monde tout blanc, grande
détresse, pas un bruit, que les cendres,
braise qui meurt, ce bruit-là, ces lueurs,

Holloway, Bolton. Bolton, Holloway, deux vieillards, grande détresse, monde tout blanc, pas un bruit. (*Un temps.*) Ecoute-moi ça ! (*Un temps.*) Ferme les yeux et écoute-moi ça, on dirait quoi ? (*Un temps. Véhément.*) Une goutte ! Une goutte ! (*Bruit de gouttes qui tombent, de plus en plus fort, brusquement coupé.*) Encore ! (*Même bruit, de plus en plus fort.*) Non ! (*Bruit coupé. Un temps.*) Père ! (*Un temps. Agité.*) Des histoires, des histoires, des années des années d'histoires, tout seul, ça allait, puis le besoin, soudain, d'un autre, à côté de moi, n'importe qui, un étranger, à qui parler, imaginer qu'il m'entend, des années de ça, puis, maintenant, d'un autre, d'un autre qui... m'aurait connu, autrefois, n'importe qui, à côté de moi, imaginer qu'il m'entend, ce que je suis... devenu. (*Un temps.*) Pas ça non plus. (*Un temps.*) Pas là non plus. (*Un temps.*) Essayer encore. (*Un temps.*) Monde tout blanc, pas un bruit. (*Un temps.*) Holloway. (*Un temps.*) Holloway dit qu'il s'en va, va pas traînailler toute la nuit devant un feu mort foutre non, ça le dépasse, appeler quelqu'un, un vieil ami, le faire venir, dans la neige et le noir, un vieil ami, d'urgence, la trousse surtout, surtout ne pas oublier la trousse, puis pas un mot, pas d'explication, pas de chauffage, pas d'éclairage, Bolton : « Je t'en prie ! JE T'EN PRIE ! » Holloway, pas le moindre verre, pas le moindre accueil, transi jusqu'à la moelle, à attraper la crève, ça le dépasse, drôles de mœurs, un vieil ami, dit qu'il s'en va, bouge pas, pas un bruit, feu qui meurt, rayon de lune, tout ça d'un macabre, maudit Dieu d'être venu, pas ça non plus, feu mort, froid à cœur fendre, grande détresse, monde tout blanc, pas un bruit, pas ça non plus. (*Un temps.*) Ecoute-moi ça ! (*Un temps.*) Père ! (*Un temps.*) Tu ne me reconnaîtrais plus, te maudirais de m'avoir fait, espèce d'avorton, mais ça de ton vivant déjà, tes derniers mots pour moi, espèce d'avorton. (*Un temps. Il imite la voix de son père.*) « Tu viens nager ? » « Non. » « Viens, viens. » « Non. » Regard assassin, demi-tour, trois enjambées, demi-tour, regard assassin, « Espèce d'avorton ! », exit. (*Bruit d'une porte claquée avec force. Un temps.*) Encore ! (*Porte claquée. Un temps.*) Sortir de la vie comme ça ! (*Porte claquée. Un temps.*) Avorton. (*Un temps.*) Dommage que non. (*Un temps.*) Tu n'as jamais connu Ada n'est-ce pas, oui, non, me rappelle plus, peu importe, personne ne la reconnaîtrait plus. (*Un temps.*) Qu'est-ce qui l'a dressée contre moi à ton avis, l'enfant sans doute, petit monstre, jamais dû la faire, foutre non, quand je la promenais dans les champs, ça c'était quelque chose,

folle envie de parler et elle qui se cram-
ponnait à ma main. « Vas-y, Addie, va
voir là-bas les jolis petits agneaux. » (*Il
imite la voix d'Addie.*) « Non papa. »
« Vas-y, vas-y. » (*Pleurnicharde.*) « Non
papa ! » « Vas-y, fais ce qu'on te dit, là-
bas, les agneaux, allez, fous le camp ! »
(*Hurlements d'Addie.*) Et Ada, causer
avec elle, ça c'était quelque chose, ce sera
ça l'enfer, des bavardages au murmure du
Léthé sur le bon vieux temps où on cre-
vait d'envie d'être mort. (*Un temps.*) Le
prix de la margarine il y a cinquante ans.
Et aujourd'hui ! (*Scandalisé.*) Le prix de
l'Astra aujourd'hui ! (*Un temps.*) Père !
(*Un temps.*) Marre de causer avec toi. (*Un
temps.*) C'était toujours ça, nos balades
dans la montagne, parler parler sans
m'arrêter puis bouche cousue, retour la
mort dans l'âme et pas un mot à personne
pendant des semaines, petit monstre maus-
sade, fallait crever, fallait crever. (*Un

temps.) Ada. (*Un temps. Plus fort.*) Ada !

ADA (*voix lointaine pendant tout le dialogue*). — Oui.

HENRY. — Il y a longtemps que tu es là ?

ADA. — Il y a un certain temps. (*Un temps.*) Continue, t'occupe pas. (*Un temps.*) Veux-tu que je m'en aille ? *(Un temps.)* Où est Addie ?

HENRY. — Avec son maître de musique. (*Un temps.*) Tu vas répondre aujourd'hui ?

ADA. — Les cailloux sont froids, tu as tort de t'asseoir dessus, c'est mauvais pour tes tumeurs. Soulève-toi que je glisse mon châle. (*Un temps.*) C'est mieux comme ça ?

HENRY. — Aucun rapport, aucun rapport. (*Un temps.*) Tu vas t'asseoir à côté de moi ?

ADA. — Oui. (*Elle s'assied sans bruit.*) Comme ça ? (*Un temps.*) Ou tu aimes mieux comme ça ? (*Un temps.*) Tu n'as pas de préférence. (*Un temps.*) Plutôt frais j'imagine, j'espère que tu as mis ta flanelle. (*Un temps.*) As-tu mis ta flanelle, Henry ?

HENRY. — Voilà ce qui s'est passé, je l'ai mise, puis je l'ai enlevée, puis je l'ai remise, puis je l'ai renlevée, puis je l'ai remise, puis je l'ai —

ADA. — Tu l'as en ce moment ?

HENRY. — Je ne sais pas. (*Un temps.*) Sabots ! (*Un temps. Plus fort.*) Sabots ! (*Bruit de sabots comme avant.*) Encore !

Sabots comme avant. Un temps.

ADA. — Tu as pu les entendre ?

HENRY. — Mal.

ADA. — Au galop ?

HENRY. — Non. (*Un temps.*) Un cheval pourrait-il marquer le pas ?

Un temps.

ADA. — Je ne sais pas si je saisis.

HENRY (*agacé*). — Pourrait-on dresser un cheval à rester sur place en marquant le pas des quatre fers ?

ADA. — Oh. (*Un temps.*) Ceux que je jouais gagnants le faisaient tous. (*Elle rit. Un temps.*) Ris, Henry, ce n'est pas tous les ans que j'ai le mot pour rire.

HENRY. — Tu veux que je rie ?

ADA. — Tu riais autrefois, un rire charmant, c'est ce qui m'avait attirée au début. (*Un temps.*) Il me semble. (*Un temps.*) Ça et ton sourire. (*Un temps.*) Allez, on se croira revenu aux jours d'or.

Un temps. Henry s'efforce de rire, n'y arrive pas.

HENRY. — J'aurais peut-être dû commencer par le sourire. (*Un temps pour le sourire.*) Ça t'a attirée ? (*Un temps.*) Maintenant tu vas voir. (*Rire horrible et prolongé.*) Un reste de vieux charme ?

ADA. — Oh Henry.

Un temps.

HENRY. — Ecoute-moi ça ! (*Un temps.*) Suceuse ! Griffeuse ! (*Un temps.*) Foutre le camp ! Hors d'atteinte ! Les Pampas ! Quoi ?

ADA. — Du calme.

HENRY. — Et il vécut aux bords ! Pourquoi ? Obligations professionnelles ? (*Rire bref.*) Raisons de santé ? (*Rire bref.*) Liens de famille ? (*Rire bref.*) Une femme ? (*Rire auquel Ada se joint.*) Fidélité à quelque vieille tombe ? (*Un temps.*) Ecoute-moi ça ! On dirait quoi ?

ADA. — On dirait un vieux bruit entendu autrefois. (*Un temps.*) On dirait
d'autres temps, au même lieu. (*Un temps.*)
Elle était en furie, l'écume nous éclabous-
sait. (*Un temps.*) En furie alors. (*Un
temps.*) Et calme aujourd'hui. (*Un
temps.*) Etrange.

> *Un temps.*

HENRY. — Allons-nous-en.

ADA. — Nous-en ? Où ? Et Addie ?
Quand elle va venir ? Te trouver parti
sans elle ? Elle serait bouleversée. (*Un
temps.*) Pourquoi vient-elle si tard ?

> *Coup de règle sur le bois d'un
> piano. Gamme de la bémol majeur à
> l'octave sur une octave, ascendante,
> descendante, chancelante.*

MAITRE (*accent italien*). — Santa Ceci-
lia !

> *Un temps.*

ADDIE. — Je peux jouer mon morceau maintenant s'il vous plaît ?

Un temps. Avec sa règle, sur le bois, le maître bat deux mesures de valse. Addie attaque la cinquième valse de Chopin en la bémol majeur pendant qu'avec sa règle le maître bat doucement la mesure. A l'entrée de la main gauche, cinquième mesure, elle joue mi au lieu de fa. Coup de règle retentissant sur le bois. Addie s'arrête.

MAITRE (*violemment*). — Fa !

ADDIE (*pleurnicharde*). — Quoi ?

MAITRE (*de même*). — Fa ! Fa !

ADDIE (*de même*). — Où ?

MAITRE. — Qua ! (*Il frappe la note.*) Fa !

Un temps. Addie reprend au début

pendant qu'avec sa règle, etc. Arrivée au même endroit elle refait la même erreur. Terrible coup de règle sur le bois. Addie s'arrête, se met à hurler.

MAITRE (*frénétique*). Fa ! Fa ! (*Il martèle la note.*) Fa !

> *Note martelée, « Fa ! » et hurlements d'Addie de plus en plus fort, jusqu'au paroxysme, coupés net. Un temps.*

ADA. — Tu es dans la lune ?

HENRY. — Ça n'a pas suffi de la mettre au monde, maintenant elle doit faire du piano.

ADA. — Elle doit apprendre. Elle va apprendre. Ça — et monter à cheval.

> *Sabots au pas.*

MAITRE D'ÉQUITATION. — Allons Mam'selle ! Vos mains Mam'selle ! Vos

coudes Mam'selle ! (*Sabots au trot.*)
Allons Mam'selle ! Vot' buste Mam'-
selle ! Vot' dos Mam'selle ! (*Sabots au
petit galop.*) Allons Mam'selle ! Vos
cuisses Mam'selle ! Vos pieds Mam'selle !
(*Sabots au galop.*) Allons Mam'selle ! Vos
yeux Mam'selle ! Vot' cou Mam'selle !
(*Addie se met à hurler.*) Allons Mam'-
selle ! Allons Mam'selle !

> *Sabots au galop, « allons Mam'-
> selle ! » et hurlements d'Addie de
> plus en plus fort, jusqu'au
> paroxysme, coupés net. Un temps.*

ADA. — Tu rêves ? (*Un temps.*) Moi on
ne m'a jamais appris, après c'était trop
tard. Toute ma vie je l'ai maudit.

HENRY. — Qu'est-ce que c'était ton fort
déjà, j'oublie.

ADA. — Oh... la géométrie peut-être,
plane et dans l'espace. (*Un temps.*)

D'abord plane, ensuite dans l'espace. (*Henry se lève. Bruit de galets.*) Pourquoi te lèves-tu ?

HENRY. — Une idée comme ça, tâcher d'aller jusqu'au bord de l'eau. (*Un temps. Soupir.*) Et revenir. (*Un temps.*) Remuer ma vieille viande.

    Un temps.

ADA. — Eh bien, remue-la. (*Un temps.*) Ne reste pas là à cogitasser. (*Un temps.*) Ferme la bouche et vas-y. (*Un temps. Il va vers la mer. Bruit de ses pas sur les galets. Il s'arrête au bord de l'eau. Mer un peu plus fort. Plus lointaine.*) Ne mouille pas tes beaux souliers.

HENRY. — Fais pas ceci, fais pas cela...

    Mer brusquement démontée.

ADA (*vingt ans plus tôt, suppliante*). — Pas ça ! Pas ça !

HENRY (*de même, pressant*). —
Chérie !

ADA (*de même, plus faiblement*). —
Pas ça ! Pas ça !

HENRY (*de même, exultant*). —
Chérie ! (*Mer démontée. Cri perçant
d'Ada. Mer et cri de plus en plus fort,
coupés net. Un temps. Mer calme. Henry
remonte la grève fortement en pente. Ses
pas laborieux sur les galets qui cèdent. Il
s'arrête. Un temps. Bas.*) Avance. (*Un
temps. Il avance. Il s'arrête. Un temps.
Bas.*) Encore.

> *Un temps. Il avance. Il s'arrête.
> Un temps. Mer calme et faible.*

ADA. — Ne reste pas là à voir tes fan-
tômes. Assis. (*Un temps. Il s'assied. Bruit
de galets.*) Sur mon châle. (*Un temps.*)
On pourrait se frôler, c'est ça que tu
crains ? (*Un temps.*) Henry.

HENRY. — Oui.

ADA. — Tu devrais voir un spécialiste, ça empire.

HENRY. — Rien ne peut empirer.

ADA. — Parler tout seul comme ça tout le temps sans t'arrêter, l'effet que ça doit faire sur Addie. (*Un temps.*) Tu sais ce qu'elle m'a dit une fois quand elle était encore toute petite, elle m'a dit, Maman pourquoi que Pappie parle tout le temps ? Elle t'entendait aux cabinets. Je n'ai pas su lui répondre.

HENRY. — Pappie ! Addie ! (*Un temps.*) Je t'avais dit de lui dire que je récitais mes prières. (*Un temps.*) Gueulais mes prières à Dieu et à ses saints !

ADA. — C'est très mauvais pour la petite. (*Un temps.*) C'est bête de dire que ça t'évite de l'entendre, ça ne t'évite pas de l'entendre et de toute façon tu ne devrais pas l'entendre, tu dois avoir le cerveau atteint.

Un temps.

HENRY. — Ça ! Je ne devrais pas entendre ça !

ADA. — Je ne crois pas que tu l'entendes. Mais admettons, qu'est-ce que tu lui reproches, c'est doux comme une berceuse, pourquoi le hais-tu ? (*Un temps.*) Et si tu le hais tu n'as qu'à t'en éloigner. (*Un temps.*) Pourquoi viens-tu ici tout le temps ? (*Un temps.*) Pourquoi viens-tu ici tout le temps ? (*Un temps.*) Tu as le cerveau atteint, tu devrais voir Holloway, il vit encore n'est-ce pas ?

Un temps.

HENRY (*hors de lui*). — Des bruits durs, il me faut des bruits durs ! Secs ! Comme ça ! (*Il ramasse deux cailloux et les cogne l'un contre l'autre.*) De la pierre ! (*Choc des deux cailloux.*) De la pierre ! (*Choc.* « *De la pierre !* » *et choc de plus en plus fort, coupés net. Un temps. Il jette un caillou. Bruit de sa chute.*) C'est ça la vie ! (*Il jette l'autre caillou. Bruit de sa chute.*) Pas cette... succion !

ADA. — Et pourquoi la vie ? (*Un temps.*) Pourquoi la vie, Henry ? (*Un temps.*) Il y a des gens ?

HENRY. — Pas un chat.

ADA. — Naturellement. (*Un temps.*) Lorsqu'on aurait donné n'importe quoi pour l'avoir à nous tout seuls il y avait toujours des gens. Maintenant que ça n'a plus d'importance il n'y a pas un chat.

HENRY. — Oui, qu'on puisse te voir dans des postures galantes, tu as toujours trouvé ça révoltant. Au moindre panache de fumée à l'horizon tu rabattais ta jupe et te plongeais dans le Manchester Guar-

dian. (*Un temps.*) Le trou est toujours là
après toute cette éternité. (*Un temps. Plus
fort.*) Le trou est toujours là.

ADA. — Quel trou? La terre est pleine
de trous.

HENRY. — Où nous l'avons fait enfin
pour la première fois.

ADA. — Ah celui-là, oui, je me rappelle
vaguement. (*Un temps.*) L'endroit n'a pas
changé.

HENRY. — Oh mais si, mais si, *moi* je le
vois. (*Très confidentiel.*) Ça se nivelle peu
à peu ! (*Un temps.*) Elle a quel âge maintenant ?

ADA. — J'ai perdu la notion du temps.

HENRY. — Douze ? Treize ? (*Un
temps.*) Quatorze ?

ADA. — Je ne saurais vraiment pas te
renseigner, Henry.

HENRY. — On a mis du temps à la faire. (*Un temps.*) Des années qu'on s'y est acharné. (*Un temps.*) Mais on y est arrivé à la fin. (*Un temps. Soupir.*) On l'a faite à la fin. (*Un temps.*) Ecoute-moi ça ! (*Un temps.*) C'est moins mauvais en bateau. (*Un temps.*) Peut-être que j'aurais dû faire ma carrière dans la marine marchande.

ADA. — Ce n'est qu'en surface, tu sais. Dessous c'est calme comme dans la tombe. Pas un bruit. Toute la journée, toute la nuit, pas un bruit.

Un temps.

HENRY. — Normalement je me promène avec le gramophone. Aujourd'hui, je l'ai oublié.

ADA. — Ça n'a pas de sens. (*Un temps.*) Ça n'a pas de sens de vouloir le noyer. (*Un temps.*) Va voir Holloway.

Un temps.

HENRY. — Faisons un tour en canot.

ADA. — En canot ? Où ? Et Addie ?
Quand elle va venir ? Te trouver parti
sans elle, faire un tour en canot. Elle serait
aux cent coups. (*Un temps.*) Tu étais avec
qui tout à l'heure ? (*Un temps.*) Avant
de m'appeler.

HENRY. — Je faisais mon possible pour
être avec mon père.

ADA. — Oh ! (*Un temps.*) Là pas de
problème.

HENRY. — Je veux dire pour qu'il soit
avec moi. (*Un temps.*) Tu es un peu plus
épaisse que d'habitude aujourd'hui, Ada.
(*Un temps.*) Je lui demandais s'il t'avait
connue, je ne me rappelais pas.

ADA. — Alors ?

HENRY — Il ne répond plus.

ADA. — Tu l'as eu à l'usure sans doute.
(*Un temps.*) Tu l'as eu à l'usure vivant
et tu l'auras bientôt à l'usure mort. (*Un
temps.*) Le moment vient où il n'est vraiment plus possible de te parler. (*Un
temps.*) Le moment viendra où personne
ne te parlera plus, même les inconnus.
(*Un temps.*) Tu seras seul au monde avec
ta voix, il n'y aura pas d'autre voix au
monde que la tienne. (*Un temps.*) Tu
m'entends ?

HENRY. — Je ne peux pas me rappeler
s'il t'a connue.

ADA. — Tu sais très bien qu'il m'a connue.

HENRY. — Non Ada, je ne le sais pas,
je regrette. Tout ce qui touche à toi, je
l'ai pour ainsi dire complètement oublié.

ADA. — Tu n'étais pas là. Il y avait
ta mère et ta sœur. J'étais passée te

prendre comme convenu. Nous devions aller nager ensemble.

Un temps.

HENRY (*agacé*). — Continue, continue ! Pourquoi les gens s'arrêtent-ils toujours au milieu de ce qu'ils sont en train de dire ?

ADA. — Personne ne savait où tu étais. Tu avais découché, d'après ton lit. Tout le monde s'injuriait. Ta sœur disait qu'elle allait se jeter de la falaise. Finalement ton père a pris la porte, en la claquant. Partie peu après, je l'ai aperçu sur la route. Il ne me voyait pas. Il était assis sur une pierre et regardait vers la mer. Je n'ai jamais oublié sa posture. Elle était cependant tout à fait ordinaire. Toi tu la prenais quelquefois. Peut-être tout simplement l'immobilité, comme s'il avait été changé en pierre. Je n'ai jamais pu me l'expliquer.

Un temps.

HENRY. — Encore, encore ! (*Un temps, Implorant.*) Cale pas, Ada, chaque syllabe est une seconde de gagnée.

ADA. — C'est tout, je regrette. (*Un temps.*) Tu peux continuer maintenant, ton père, tes histoires, ce que tu faisais tout à l'heure, t'occupe plus de moi.

HENRY. — Je ne peux pas! (*Un temps.*) Je ne peux plus !

ADA. — Tu le pouvais tout à l'heure, avant de m'appeler.

HENRY (*avec colère*). — Je ne peux plus maintenant. (*Un temps.*) Jésus !

Un temps.

ADA. — Oui, tu vois ce que je veux dire, il y a des postures qui vous restent dans la mémoire pour des raisons qui sont évidentes, un port de tête par exemple,

baissée alors que normalement elle
aurait dû être levée, et inversement, ou
quelqu'un figé sur les marches d'un esca-
lier, ou d'un perron, un pied plus haut
que l'autre, ce genre. Mais chez ton père
assis sur la pierre ce jour-là rien de la
sorte, pas le moindre détail à quoi s'accro-
cher en se disant : Comme c'est bizarre !
Non, je n'ai jamais pu me l'expliquer.
Peut-être tout simplement, je l'ai déjà
dit, la grande fixité de tout le corps,
comme si le souffle l'avait quitté. (*Un
temps.*) Est-ce que ça t'aide un peu,
Henry, ces sornettes ? (*Un temps.*) Non ?
(*Un temps.*) Alors je crois que je vais
rentrer.

HENRY. — Pas encore ! Tu n'as pas
besoin de parler ! M'écouter pas plus !
Même pas ! Etre à côté de moi ! (*Un
temps.*) Ada ! (*Un temps. Plus fort.*)
Ada ! (*Un temps.*) Jésus ! (*Un temps.*)

Sabots ! (*Un temps. Plus fort.*) Sabots !
(*Un temps.*) Jésus ! (*Un temps long.*)
Partie peu après, t'aperçoit sur la route,
tu ne la vois pas, tu regardes vers la... (*un
temps*)... pas vers la *mer*, impossible. (*Un
temps.*) A moins que tu ne sois passé de
l'autre côté. (*Un temps.*) Tu étais passé
de l'autre côté ? (*Un temps.*) Père ! (*Un
temps.*) Faut croire. (*Un temps.*) Reste
là à t'observer un moment, puis descend
le sentier jusqu'au tram, monte sur l'impé-
riale et s'assied à l'avant. (*Un temps.*)
S'assied à l'avant. (*Un temps.*) Se sent
soudain inquiète et redescend, conduc-
teur : « Changé d'avis, Mam'selle ? »,
remonte le sentier, pas trace de toi. (*Un
temps.*) Très inquiète, grande détresse,
traînaille un peu, pas âme qui vive, vent
froid soufflant du large, redescend le sentier, remonte dans le tram et rentre chez
elle. (*Un temps.*) Dans le tram et rentre
chez elle. (*Un temps.*) Jésus ! (*Un temps.*)

« Mon cher Bolton... » (*Un temps.*) « Mon
cher Bolton, si c'est une piquouse que
tu veux, tombe ton froc et finissons-en,
j'ai une panhystérectomie à neuf heures »
il veut dire l'anesthésie bien sûr. (*Un
temps.*) Feu mort, froid à pierre fendre,
monde tout blanc, grande détresse, pas
un bruit. (*Un temps.*) Bolton se met à
jouer avec le rideau, difficile à décrire, il
le tire, non, une façon de le serrer contre
lui, la lune rentre à flots, il le lâche, lourd
machin de velours, nuit noire dans la
pièce, recommence, blanc, noir, blanc,
noir, Holloway : « Arrête ça pour l'amour
du ciel ! » (*Un temps.*) Noir, blanc, noir,
blanc, à devenir fou. (*Un temps.*) Soudain, il frotte une allumette, Bolton,
allume une bougie, la tient en l'air au-
dessus de sa tête, marche sur Holloway et
le fixe en plein dans l'œil. (*Un temps.*)
Pas un mot, que le regard, le vieil œil
bleu, vitreux, paupières en charpie, plus

de cils, tout ça noyé, et la bougie qui tremblote au-dessus de sa tête. (*Un temps.*)
Des larmes ? (*Un temps. Rire prolongé.*)
Bon Dieu non ! (*Un temps.*) Pas un mot,
que le regard, le vieil œil bleu, Holloway:
« Si tu veux une giclée dis-le que je foute
le camp d'ici » (*Un temps.*) « Nous
sommes déjà passés par là, Bolton, ne me
demande pas de recommencer » (*Un
temps.*) Bolton : « Je t'en prie ! » (*Un
temps.*) « Je t'en prie ! » (*Un temps.*)
« Je t'en prie, Holloway ! » (*Un temps.*)
La bougie qui tremblote dégoulinant partout, plus bas maintenant, le vieux bras
fatigué, il la prend dans l'autre main et
la relève, c'est ça, ça a toujours été ça,
nuit noire, cendres froides, bout de chan-
delle qui coule sur ta main tremblante
et cette saleté dans ta bouche, Je t'en prie !
Je t'en prie ! (*Un temps.*) Mendigotant.
(*Un temps.*) Aux pauvres. (*Un temps.*)
Ada ! (*Un temps.*) Père ! (*Un temps.*)

Jésus ! (*Un temps.*) La prend dans l'autre main et la relève, fixe Holloway en plein dans l'œil, ne demandera plus rien, que le regard, noyé, Holloway se cache la figure, pas un bruit, monde tout blanc, froid à pierre fendre, deux vieillards, grande détresse, pas ça non plus. (*Un temps.*) Pas ça non plus. (*Un temps.*) Jésus ! (*Un temps. Il se lève. Bruit de galets. Il va vers la mer. Ses pas sur les galets. Il s'arrête. Un temps. Mer un peu plus fort.*) Avance. (*Un temps. Il avance. Ses pas sur les galets. Il s'arrête au bord de l'eau. Un temps. Mer un peu plus fort.*) Emploi du temps — à venir. (*Un temps.*) Regardons voir. (*Un temps.*) Ce soir. (*Un temps.*) Rien ce soir. (*Un temps.*) Demain... demain... plombier à neuf heures, ensuite... rien. (*Un temps. Perplexe.*) Plombier à neuf heures ? (*Un temps.*) Ah oui, le trop-plein. (*Un temps.*) Le trop-plein. (*Un temps.*) Samedi... rien.

Dimanche... dimanche... rien toute la journée. (*Un temps.*) De dimanche. (*Un temps.*) Rien, toute la journée rien. (*Un temps.*) Toute la journée, toute la nuit, rien. (*Un temps.*) Pas un bruit.

Mer.

RIDEAU